LETTRE

D'UN

CADET DE PROVINCE

A

SON-AINÉ, A PARIS,

SUR LE DROIT D'AINESSE

ET LA LIBERTÉ DE LA PRESSE.

ÉDITION TIRÉE A 20,000.

PRIX : 25 CENT.

DEUXIÈME ÉDITION.

PARIS,

LES M^ds DE NOUVEAUTÉS.

1826.

LETTRE

D'UN

CADET DE PROVINCE.

LETTRE

D'UN

CADET DE PROVINCE

A

SON AINÉ, A PARIS,

SUR LE DROIT D'AINESSE ET LA LIBERTÉ

DE LA PRESSE.

PARIS.

LES Mds DE NOUVEAUTÉS.

1826.

LETTRE

D'UN

CADET DE PROVINCE

A

SON AINÉ, A PARIS.

Que se passe-t-il donc à Paris, mon cher Frère? Quelle mouche a piqué nos ministres? sur quelle herbe ont-ils marché? et, que diable leur avons-nous fait, nous autres *cadets*, pour que, d'un trait de plume, ils nous rayent de la liste des vivants. Oui, mon ami, cette loi sur le droit d'aînesse est un coup qui nous tue; car qu'est-ce qu'un homme sans argent, par le temps qui court? Un corps sans âme, pas davantage. Et à quoi tend cette loi, suscitée par l'esprit malin, sinon à enlever aux cadets tout espoir de fortune.

Il y avait déjà quelque temps que l'on parlait chez nous du droit d'aînesse, et je n'avais pas fait jusqu'à présent grande attention à ce qu'on en disait, parce que, tout normand que je suis, je n'aime pas la chicane, et que je pensais qu'il serait temps de s'occuper de cela quand nos députés en seraient aux prises; et puis, mon cher Frère, s'il faut te l'avouer, je ne comprenais pas grand chose à tout ce qu'on disait à ce sujet; mais aujourd'hui que je sais de quoi il retourne, aujourd'hui que ce maudit droit m'enlève, tout à la fois, ma femme et ma fortune futures: c'est bien différent.

Tu connais Toinette, cette grosse réjouie que tu faisais danser quand tu n'étais pas parisien; c'est une brave fille qui a eu bien du chagrin quand elle a vu que tu quittais le pays, parce qu'il paraît que tu lui en avais conté, et qu'elle avait mordu à l'ameçon. . Dame ! c'est bien pardonnable : c'est si jeune et si simple ! mais il ne faut pas croire quoique çà, que ce soit une fille sans caractère : elle en a, et fièrement, je t'en réponds ! Tant qu'elle a espéré te voir revenir, elle ne voulait pas écouter mes consolations, et elle répétait toujours : « Laissez-moi tranquille, monsieur Cadet, les hommes sont des enjoleurs. » Voilà pourtant comme l'esprit vient aux filles, et il est bien plus difficile de les attraper la seconde fois que la première. Pourtant quand Toinette a vu qu'elle pleurait pour le roi de Prusse, elle s'est radoucie; et, depuis que nous étions fiancés, elle n'avait plus les yeux rouges. Elle parut bientôt si contente de devenir ma femme, qu'elle me jurait tous les jours qu'elle ne pensait plus à toi. Ainsi nous étions contents tous les deux, et nos bancs étaient publiés, quand nous avons appris dans le pays qu'on machinait à Paris quelque diablerie contre les cadets; Toinette, qui n'est pas une bête, me dit un jour: « Cadet, êtes-vous l'aîné?

— Vous savez bien que non, répondis-je, puisqu'on m'appelle Cadet; mais c'est égal, si je ne suis pas l'aîné, il ne s'en faut pas de grand'chose, et je puis me flatter que bien des aînés ne valent pas un cadet comme moi.

—Je ne dis pas non, reprit Toinette; mais les aînés, voyez-vous.... dame! c'est un bruit qui court; on dit qu'on fait une loi qui donne tout le bien aux aînés, ce qui fait que les cadets n'en ont pas, et vous sentez bien qu'une honnête fille qui, en se mariant, comptait naturellement sur quelque chose, ne peut pas devenir la femme d'un homme qui....... que...

— Qu'est-ce que cela signifie, Toinette? *un homme qui... que...*

Apprenez que je suis un homme comme un autre, entendez-vous? et, si vous en doutez.... » J'allais me mettre en colère; mais ma future me dit : « Allons trouver M. le Maire, c'est un homme savant, qui lit le journal quatre fois par semaine, et qui nous dira ce qu'il en est. »

Ah ! mon cher Frère, quelle douleur me saisit, lorsque j'eus entendu la lecture du projet de loi! Mes yeux se mouillèrent de larmes; je sentis que le sang me montait au visage, et mes idées étaient si confuses que je ne pus proférer que ces mots : « Hélas ! il est donc vrai que les cadets n'en ont pas!... « et, de son côté, Toinette répétait : « Vous sentez bien qu'une honnête fille qui se marie est bien aise de savoir ce que son mari lui apporte. »

Lorsque je fus devenu un peu plus tranquille, je voulus savoir ce que M. le maire pensait de la loi, et je ne me gênai pas pour dire que je la trouvais injuste, révoltante, abominable, etc. Mais le magistrat chanta bientôt sur un autre ton : après m'avoir écouté un instant, il se dressa sur la pointe des pieds, se passa la main sur le menton, et, me toisant d'un œil dédaigneux, il me dit : « Cadet, vous êtes un sot, ce projet est un chef-d'œuvre, son auteur un homme de génie, et la preuve de cela, c'est que les Anglais ont une loi semblable, et que les Romains en avaient fait une dans le même sens : or, il faudrait que les Français fussent bien difficiles pour ne pas s'accommoder d'une chose qui convient aux Anglais, et que le Romains ont trouvée de leur goût. Les Romains, Cadet, étaient des gens bien pensants; ils n'avaient pas, comme nous autres, le mot de *Charte* continuellement à la bouche, et il est certain que les électeurs de ce pays-là ne donnaient pas leurs voix aux libéraux. Mais aussi, ils ne connaissaient pas la liberté de la presse, et jamais chez eux on ne vit seulement un journal grand comme la main, tandis que nous en avons, nous, de toutes les formes et de toutes les couleurs ; mais nos ministres, il faut l'espérer, vont bientôt mettre ordre à cela, et il est question d'une loi qui donnera sur les ongles à tous ces clabaudeurs, et qui les forcera de garder leur langue ou leur plume pour en faire ce qu'il en sera ordonné.

Toi, mon cher Frère, qui es parisien, tu sais ce que cela veut dire; mais, pour moi, je veux que le diable m'emporte si j'y compris quelque chose ; de sorte que M. le maire fut obligé de m'expliquer le sens de ses paroles : « La liberté de la presse, me dit-il, est une loi qui permet aux gens de faire imprimer tout ce qui leur passe par la tête, et comme la tête des Français est passablement fournie de billevesées, de satyres, d'épigrammes et de folies, il s'ensuit qu'ils raisonnent ou déraisonnent sur tous les sujets, et s'ils trouvent mauvais ce que font ou se proposent de faire les ministres, ils ne se gênent pas pour le dire, l'écrire et l'imprimer à cent mille exemplaires. Il n'y a que quelques siècles que l'art de l'imprimerie est inventé, et déjà il a causé plus de maux que la guerre, la peste et la famine. Eh bien ! ce fléau terrible, les ministres peuvent l'anéantir; ils peuvent mettre un baillon au monstre qui vomit tant de poisons ; ils n'ont pour cela qu'à vouloir, et ils voudront j'en suis certain. »

J'avoue, mon cher Frère, que je ne trouvai rien à redire à cela, parce que, après tout, on a du pouvoir ou on n'en a pas, et quand on en a..... ma foi ! quand on en a, on fait bien de s'en servir, et les ministres s'en servent si bien!.. Ah ! mon ami, si j'en avais!...... seulement un peu, Toinette serait à moi.

Quoiqu'il en soit; et quelque mérite qu'aient les ministres, je ne puis trouver bonne la loi qui m'enlève tant de choses à la fois, et qui jette le désespoir dans l'âme de tous les cadets, classe aussi nombreuse que respectable. J'ai beau me dire que la classe des ministres est infiniment supérieure à celle des cadets, je ne puis me résoudre à voir d'un bon œil des gens qui me soufflent ma femme et mon bien. On me dira peut-être qu'en agissant ainsi, les ministres songeaient à leur portefeuille, et non aux familles qu'ils allaient mettre sans dessus-dessous; que tous les cadets et les aînés du monde ne sont rien en comparaison d'un ministère. A la bonne heure; mais s'ils laissaient le monde comme il est, en recevraient-ils un écu de moins? Ne seraient-ils pas toujours des Excellences par excellence, et auront-ils la jambe mieux faite, parce que Toinette ne sera pas ma femme, et que je serai forcé de me faire moine? Je te le demande, à toi, mon Frère, qui dois avoir de l'esprit, puisque tu habites la même ville que ces grands génies. Je suis bien sûr que les neuf mois et demi que tu as de plus que moi ne te rendent pas plus fier, et, en vérité, tu aurais tort de l'être; car si tu es l'aîné ce n'est pas ta faute, on t'a fait comme ça, et voilà tout.

Je sais bien qu'il faut que les ministres aient l'air de faire quelque chose pour gagner leur argent; car on ne leur donne pas cinquante mille écus pour des prunes, et voila peut-être pourquoi ils se sont jetés à corps perdu dans l'histoire des lentilles; mais puisqu'il leur fallait des victimes, que ne les prenaient-ils ailleurs? Pourquoi s'attaquer à nous, pauvres diables qui ne voulons de mal à personne, et qui ne demandons qu'à conserver notre bien, plutôt qu'à ces gens qui font tant de bruit à propos de rien, qui ne peuvent entendre parler de portefeuille sans avoir de maux de nerfs, et qui crient sans cesse aux gens en place : « *Otez-vous de là que nous nous y mettions.* » Ils ont de l'humeur ; eh bien ! qu'ils créent des censeurs, qu'ils déchirent les journaux, qu'ils brûlent les auteurs, nous n'y trouverons pas à redire ; et c'est là un passe-temps qui doit avoir quelque charme pour de grands seigneurs ; mais, au nom de Dieu ! qu'ils laissent les cadets en repos ; ou je ne réponds de rien.

Tu ne saurais t'imaginer, mon cher Frère, quel effet l'annonce de cette loi malencontreuse a produit dans ce pays : les aînés sont gais et les cadets tristes; les uns rient, les autres pleurent : les familles sont divisées; les frères se regardent de travers, à la manière des chiens de faïence, et les filles soupirent en pensant que si les cadets se font moines, il n'y aura pas d'aînés pour tout le monde; et que la plupart d'entre elles se passeront de maris, à moins que, tandis que les ministres sont en train de faire de si belles choses, ils n'accouchent d'une autre loi qui permettrait aux aînés d'avoir plusieurs femmes, ainsi que cela se pratique en Turquie : excellent pays, à ce que j'ai oui dire, où l'on étrangle un ministre, sans plus de difficulté que si c'était un moineau.

Ah! mon ami, que ne suis-je Turc plutôt que *cadet*! car, au lieu d'une femme j'en aurais cent, et, dans un pays où la tête d'un homme en place ne tient qu'à un fil, il y aurait bien du malheur si je ne faisais pas mon chemin. Et cependant tel est l'aveuglement des Français, que, je l'ai ouï dire, on se cotise de tous côtés pour faire la guerre à un peuple si sage. « Les Grecs; vivent les Grecs! tout pour les Grecs! » crient les Parisiens. Dans leur enthousiasme, ces bons habitans de la capitale vendent des livres, des tableaux, des médailles au profit des Grecs, et, pour peu que cela continue, ils sont gens à vendre leurs femmes au grand turc, pour donner des brûlots à Canaris, et faire sauter le pacha d'Egypte. Les Grecs sont chrétiens, dit-on, à la bonne heure ; mais nous le sommes aussi, nous autres *cadets*, nous sommes chrétiens, très-chrétiens, et, si vous avez la fureur de donner votre bien, ce n'est besoin de l'envoyer en Grèce: nous en ferons, soyez en sûr, un aussi bon usage que ces gens que le grand seigneur traite de Turc à Maure. Les Grecs sont ruinés, dit-on ; mais nous le sommes aussi nous, cadets. S'ils sont dépouillés par les Turcs, nous le sommes par les ministres, et la différence n'est pas si grande qu'on pourrait le croire.

On assure qu'en Turquie un Français fait rapidement fortune : il lui suffit pour cela de se coiffer d'un turban et crier : « Allah ! » Eh ! je te le demande, mon cher ami, que ne crierait un Français, que ne crierait un cadet surtout, pour posséder de l'or et de jolies femmes ?

En attendant, mon cher Frère, que nous soyons aussi heureux

que ce bon peuple, qui nous appelle *chiens*, pour nous prouver sans doute le cas qu'il fait de notre fidélité; en attendant, dis-je, je veux te faire une petite proposition, que sans doute tu ne rejetteras pas : Tu es heureux, toi, tes affaires sont bonnes; tu es en chemin de faire fortune, et tu serais *cadet*, *archi-cadet*, que cela ne t'empêcherait pas de te marier selon ton goût. Eh bien! mon ami, cède-moi ton droit d'aînesse seulement pour quarante-huit heures, c'est un service que je n'oublierai jamais, et pour lequel je te donnerai plus d'une preuve de reconnaissance. On rapporte qu'un grand personnage de l'ancien temps vendit son titre pour un plat de lentilles; moi, je veux, chaque année, t'en fournir dix boisseaux, et cela pour être l'aîné seulement pendant deux jours. Si tu me refuses, mon cher Frère, plus de Toinette pour Cadet, et plus de Cadet pour toi ; car j'en perdrai l'esprit. A moins pourtant que nos ministres ne perdent leur portefeuille, ce que, en ma qualité de cadet, je leur souhaite de tout mon cœur; priant Dieu, mon cher ami, qu'il ne t'abandonne pas dans la prospérité, et qu'il ne te ſasse pas oublier que tu as un frère.

GADET.

FIN.

IMPRIMERIE DE SÉTIER,
Cour des Fontaines, n° 7, à Paris.

OUVRAGES QUI SE TROUVENT CHEZ LES MÊMES LIBRAIRES.

Edition tirée a 1500.

Le petit Jésuite, par Raban. Prix : 25 c.

Discours de Mirabeau, sur l'egalite des partages. Prix : 10 c.

Edition tirée a 3000.

Dialogue entre Voltaire et un Jesuite, par Constant Taillard. Prix : 30 c.

Du même Auteur.

Le nouveau Conducteur, ou Guide de l'étranger aux *environs de Paris* ; contenant, dans un ordre alphabétique, la description et l'histoire des lieux, les monuments et curiosités ; le départ et retour des voitures publiques, avec les prix et les heures. 1 fort vol. in-18, orné de six vues et d'une carte. Pr. : 4 f.

www.ingramcontent.com/pod-product-compliance
Lightning Source LLC
La Vergne TN
LVHW010255230826
846091LV00007B/2985